Come Analizzare le Persone

Guida per leggere la personalità delle persone, decrittare le micro-espressioni e penetrare la mente delle di chi hai di fronte tramite la psicologia comportamentale

Di Francesco Martini

Nota Legale

Le informazioni contenute in questo libro e i suoi contenuti non sono pensati per sostituire qualsiasi forma di parere medico o professionale; e non ha lo scopo di sostituire il bisogno di pareri o servizi medici, finanziari, legali o altri che potrebbero essere necessari. Il contenuto e le informazioni di questo libro sono stati forniti solo a scopo educativo e ricreativo.

Il contenuto e le informazioni contenuti in questo libro sono stati raccolti a partire da fonti ritenute affidabile, e sono accurate secondo la conoscenza, le informazioni e le credenze dell'Autore. Tuttavia, l'Autore non può garantirne l'accuratezza e validità e perciò non può essere ritenuto responsabile per qualsiasi errore e/o omissione. Inoltre, a questo libro vengono apportate modifiche periodiche secondo necessità. Quando appropriato e/o necessario, devi consultare un professionista (inclusi, ma non limitato a, il tuo dottore, avvocato, consulente finanziario o altri professionisti del genere) prima di usare qualsiasi rimedio, tecnica e/o informazione suggerita in questo libro.

Usando i contenuti e le informazioni in questo libro, accetti di ritenere l'Autore libero da qualsiasi danno, costo e spesa, incluse le spese legali che potrebbero risultare dall'applicazione di una qualsiasi delle informazioni contenute in questo libro. Questa avvertenza si applica a qualsiasi perdita, danno o lesione causata dall'applicazione dei contenuti di questo libro, direttamente o indirettamente, in violazione di un contratto, per torto, negligenza, lesioni personali, intenti criminali o sotto qualsiasi altra circostanza.

Concordi di accettare tutti i rischi derivati dall'uso delle informazioni presentate in questo libro.

Accetti che, continuando a leggere questo libro, quando appropriato e/o necessario, consulterai un professionista (inclusi, ma non limitati a, il tuo dottore, avvocato, consulente finanziario o altri professionisti del genere) prima di usare i rimedi, le tecniche o le informazioni suggeriti in questo libro.

Indice

Introduzione

Riesci a interpretare bene le persone? Sei in grado di guardare qualcuno e capire quali siano le sue vere intenzioni o cosa stia pensando in base al modo in cui si muove, al suo comportamento, alle parole che sceglie?

Alcune persone nascono con un dono che gli permette di avere un certo sesto senso riguardo a cose del genere, mentre altri devono lavorare per svilupparlo. Stiamo parlando dell'intuito, della tua voce interiore, e capirlo e fidarsene ti aiuterà a leggere le persone che ti stanno attorno come fossero un libro aperto!

Ci sono molte situazioni in cui è utile sapere leggere fra le righe e capire le vere intenzioni di una persona, specialmente di questi tempi. Sfortunatamente, non tutti hanno buone intenzioni, e in giro ci sono diverse persone senza scrupoli. Saper leggere e analizzare le persone significa che puoi identificare velocemente le vere intenzioni degli altri, evitando così qualsiasi potenziale problema in futuro.

Anche se non è sempre vero che le prime impressioni sono corrette, capendo a cosa prestare attenzione, analizzando le informazioni a tua disposizione e imparando ad ascoltare e a fidarti del tuo intuito, troverai molto più facile formare delle impressioni solide e accurate delle altre persone e delle loro azioni/intenzioni.

Questo libro è stato pensato per aiutarti a imparare l'arte di analizzare gli altri. Parleremo del potere delle parole e di come usarle correttamente, nonché di cosa cercare quando una persona dice una cosa ma ne intende chiaramente un'altra. Parleremo anche dei segnali non verbali, cioè il linguaggio del corpo. Spesso le parole dette non corrispondono al linguaggio del corpo – si tratta di un campanello d'allarme. In questo caso, fidati del linguaggio del corpo, perché non può mentire!

Parleremo anche dei modi in cui sviluppare il tuo intuito e, usando gli altri consigli e strumenti contenuti nel libro, diventerai un maestro nell'analizzare gli altri in men che non si dica! Tuttavia, prima di arrivare a quel punto dobbiamo parlare del perché l'abilità di analizzare efficacemente e accuratamente gli altri sia importante, e delle situazioni in cui potrebbe essere utile. Ne discuteremo nel primo capitolo, spiegandoti più nel dettaglio tutto l'argomento e, da lì, procederemo in modo pratico e comprensibile.

Perciò, senza ulteriori indugi, iniziamo!

Capitolo 1:

Perché Analizzare gli Altri ti Aiuterà nella Vita

Analizzare le altre persone non dovrebbe essere una cosa negativa, e di certo non ti stiamo incoraggiando a essere sospettoso nei confronti di tutte le persone che incontri. Resta il fatto che essere in grado di leggere le altre persone ti consentirà di capire quando ti mentono o ti manipolano, e queste sono sempre situazioni da evitare il più possibile.

Alla maggior parte di noi piace credere il meglio degli altri, e cerchiamo sempre il buono nel prossimo e di evitare le cose brutte. Non sarebbe tutto più facile se potessimo capire le intenzioni di qualcun altro, invece di dover subire tutto il processo drammatico in cui ci mente o manipola? Sapere analizzare efficacemente gli altri, dandogli anche il beneficio del dubbio in alcuni casi, è la chiave per risolvere il problema.

L'analisi delle persone è sempre accurata al 100%? No, ma avrai ragione nella maggior parte delle volte. Le prime impressioni sono molto importanti di questi tempi, ma dobbiamo ricordarci che certi elementi possono modificare il modo in cui si comporta una persona. Per esempio, un timido potrebbe sembrare maleducato o asociale, quando in realtà si sente solo in imbarazzo e insicuro. Essere in grado di leggere i segnali non verbali, come il linguaggio del corpo, e sapere analizzare le cose che dice e come le dice ti permetterà di capire che si tratta di timidezza, e non di una persona maleducata. Da qui, potresti riuscire a creare un legame di amicizia con questa persona, aiutandola a superare la sua timidezza, che potrebbe averle dato molti problemi nella vita.

Ci sono moltissime situazioni in cui sapere analizzare e leggere gli altri è utile e, come risultato, migliorerà la tua vita e le tue relazioni.

Situazioni in cui Analizzare gli Altri è Utile

Nell'introduzione a questo capitolo, abbiamo già messo in evidenza una situazione particolare in cui leggere attentamente le persone potrebbe essere utile, cioè nel caso di una persona timida che fa fatica a gestire una situazione sociale. Tuttavia, ne esistono molte altre.

Per esempio, non sarebbe meglio sapere se una persona ti sta mentendo? O se qualcuno sta tentando di fare qualcosa di subdolo? Essere in grado di analizzare attentamente le parole e le azioni di una persona, leggendo nel frattempo il linguaggio silenzioso della sua postura e del corpo, ti permetterà di capire se c'è qualcosa che non va. Da lì, puoi cercare di capire di cosa si tratti, e forse fare sapere a questa persona che l'hai scoperta e che è meglio che dica la verità!

Gli esperti di linguaggio del corpo hanno fatto una fortuna grazie alla capacità di leggere i segnali non verbali e di analizzare le parole pronunciate. Molte volte, parole e azioni non coincidono, non vanno di pari passo, e in questi casi puoi capire che sta succedendo qualcosa sotto la superficie. Leggere fra le righe ti permetterà di capire cosa stia succedendo davvero, senza dover scavare troppo a fondo e, magari, accusare qualcuno di qualcosa di cui non è colpevole.

Ci sono molte situazioni in cui leggere fra le righe è utile, ma lo è principalmente nella vita privata. Anche se non stiamo suggerendo di leggere il linguaggio del corpo del tuo partner per cercare di capire se ti sta tradendo, resta il fatto che se ti sta succedendo davvero, se sospetti che ci sia qualcosa sotto, sapere analizzare il suo comportamento e il linguaggio del corpo ti darà più indizi su quale possa essere la verità. Sfortunatamente, potrebbe portati a una confessione, e a quel punto potrai fare la tua mossa successiva. Potrebbe portati anche a scoprire che i tuoi sospetti erano infondati, evitandoti così di accusare il tuo amato di qualcosa che non ha fatto.

Ovviamente, parlando di cose più positive, sapere analizzare un amico potrebbe aiutarti a capire quando c'è qualcosa che non va. Non a tutti piace aprirsi e parlare delle proprie preoccupazioni e paure, ma il loro linguaggio del corpo ti dirà se ci sono dei problemi. Se non sei sicuro di cosa cercare, potresti lasciare perdere, ignorarlo. D'altro lato, se sai cosa cercare e conosci questa persona a un livello profondo, potrai individuare i segni rivelatori e fare sapere al tuo amico che può contare su di te. Potrebbe essere sufficiente perché si apra e si lasci aiutare per risolvere il problema.

Come puoi vedere, analizzare le persone può aiutarti in molte situazioni diverse, dal capire le varie personalità a lavoro, ad aiutarti nella tua vita privata.

Le Tecniche di Analisi Usate dalla Polizia e dalla CIA nelle Situazioni Criminose

La maggior parte degli agenti di polizia è bene addestrata nella lettura del linguaggio del corpo. Perché? Perché se un criminale sta cercando di farla franca con un crimine, è difficile che ammetta direttamente di averlo commesso! In tal caso, leggere il linguaggio del corpo, analizzare ogni parola che dice e interrogarlo in una maniera specifica, di solito è sufficiente per estorcergli una confessione o per fargli dire qualcosa che lo metta in difficoltà, in modo da poterlo interrogare ulteriormente.

Se pensi al comportamento delle persone quando sono colpevoli di qualcosa o hanno paura/sono spaventati, è totalmente diverso da quello che assumono in situazioni normali, quando sono innocenti e non hanno sensi di colpa. I segnali che indicano colpevolezza includono:

- Irrequietezza, in particolare di mani e piedi
- Assenza di contatto visivo
- Incespicare sulle parole, forse balbettare o ridere/prendere tempo nel rispondere alle domande
- Rifiuto totale di rispondere alle domande
- Braccia incrociate sul corpo o gambe accavallate: è un tipo di linguaggio del corpo che crea una barriera, una posizione di difesa
- Sudorazione
- Pelle del viso arrossata
- Tremore

Quando qualcuno mostra questi segni, alcuni o tutti, è evidente che stia tenendo nascoste alcune informazioni. La maggior parte delle persone cede se messa sotto pressione, quindi gli esperti sanno che se vedono questi segni devono insistere. Se una persona è davvero innocente non cederà e non ammetterà qualcosa che non ha fatto; d'altro lato, se è colpevole potrebbe bastare una piccola spinta per farlo confessare.

Come puoi vedere, in questo caso la capacità di analizzare ciò che una persona non sta dicendo a parole, ma che il suo corpo sta urlando, è estremamente efficace. Non devi essere un membro delle forze di polizia o della CIA per usare queste tecniche, che sono ugualmente efficaci anche nella vita di tutti i giorni.

Essere Consapevoli di Come Veniamo Analizzati dagli Altri

Prima di proseguire verso gli elementi pratici del libro, dovremmo fare notare che mentre tu analizzi gli altri, ci sono buone probabilità che venga analizzato anche tu! Non lo diciamo per renderti paranoico, ma capirlo aiuta, perché ti permette di capire il linguaggio del corpo e come la mente reagisce automaticamente in determinate situazioni.

Credi di potere controllare il tuo linguaggio del corpo? In alcune situazioni consce sì, puoi. Per esempio, se sai che durante un colloquio di lavoro sarai nervoso, puoi calmarti e ridurre consapevolmente i segnali negativi del tuo linguaggio del corpo: non incrociare le braccia o accavallare le gambe, fare respiri profondi per calmare i nervi, sforzarti di mantenere il contatto visivo e sorridere a chi sta svolgendo il colloquio.

D'altro lato, se vieni scoperto a mentire pensi di poter sostenere la tua bugia, pensare in fretta e controllare il tuo linguaggio del corpo, tutto insieme? No! Se fossi un bugiardo professionista forse ci riusciresti fino a un certo punto, ma il linguaggio del corpo ti tradirà sempre se l'altra persona sa a cosa stare attenta.

Punti Chiave di Questo Capitolo

In questo capitolo, abbiamo presentato l'idea di analizzare qualcuno, e ora sai perché è un'abilità importante da sviluppare. I punti chiave che devi ricordare da qui in poi sono:

- Il linguaggio del corpo non può essere controllato nella maggior parte delle situazioni; tuttavia, quando sai che qualcosa sta per accadere, puoi controllarlo fino a un certo punto
- La polizia usa spesso le capacità di analisi del linguaggio del corpo per capire se qualcuno stia dicendo la verità o meno, insieme a un interrogatorio accurato
- Quando analizzi le persone, ricorda che qualcuno potrebbe stare analizzando te
- La capacità di analizzare un'altra persona è importante per aiutarti a evitare situazioni difficili nella vita, o per capire la differenza fra la verità e una bugia
- Il tuo intuito aiuterà a guidarti nella direzione giusta, ma prima devi imparare a fidartene.

Capitolo 2:

Le Parole Non Dette

Nel primo capitolo abbiamo accennato al linguaggio del corpo, ma in questo approfondiremo di più l'argomento e parleremo del suo potere, a cosa bisogni stare attenti, come interpretarlo e come collegarlo alla situazione in cui ti trovi.

Prima di tutto, cosa è il linguaggio del corpo?

È ciò che il tuo corpo fa inconsciamente. Il linguaggio del corpo è del tutto inconscio. Non dici al tuo cervello di farti sudare quando sei nervoso, è un'azione inconsapevole legata a questa particolare emozione. Il tuo cervello percepisce l'emozione e attiva la risposta ‘combatti o fuggi’, che è nata ai tempi dei cavernicoli ed è ancora dentro di noi.

A quei tempi, i nostri antenati erano sempre a rischio di essere attaccati da grandi predatori, e questa risposta ‘combatti o fuggi’ li ha tenuti al sicuro, aiutandoli a essere sempre in guardia dalle minacce alla loro sopravvivenza. Certo, al giorno d’oggi quando il cervello percepisce una minaccia è difficile che si tratti di qualcosa di simile a una tigre dai denti a sciabola, ma è comunque un pericolo, perciò attiva i tuoi meccanismi di sopravvivenza. È per questo che sudi, tremi, non riesci a parlare, sei agitato, ecc. Questi segnali non verbali sono un ottimo modo per capire come si senta qualcuno senza che te lo dica a parole.

Come abbiamo accennato nel capitolo precedente, il linguaggio del corpo non può essere controllato quando è legato a una reazione inconscia, e può essere tenuta a bada solo quando ti trovi in una situazione che sai provocherà una certa emozione. Abbiamo fatto l'esempio del colloquio di lavoro, ma si potrebbe usare anche quello di un primo appuntamento, o qualsiasi altra situazione che attiverà la tua risposta 'combatti o fuggi'. Sapendolo in anticipo, puoi essere più consapevole di come agisce il tuo corpo e quindi calmarti. Non puoi fermarlo del tutto, ma puoi limitarne gli effetti e forse mascherarli.

Ovviamente, potresti leggere queste parole e domandarti come facciano a esistere dei truffatori professionisti sulla Terra. Se leggere il linguaggio de corpo fosse così facile, di sicuro sarebbero già stati beccati tutti, no? Beh, non necessariamente. Ci sono esperti del linguaggio del corpo che possono leggerlo e notare i segnali, ma ci sono sempre persone che hanno imparato a capire il proprio linguaggio del corpo e possono controllarlo in ogni situazione. Queste sono le persone più pericolose, perché sanno come reagisce il loro corpo quando mentono, e hanno perfezionato l'arte di controllare il proprio linguaggio del corpo. In questo caso non si tratta di una reazione inconscia, perché sanno che gli verranno fatte delle domande: è una cosa che hanno anticipato e provato per essere preparati.

Nonostante ciò, ci sarà sempre qualcosa che li farà inciampare, ma devi osservarli molto attentamente per poterla individuare!

Il Potere del Linguaggio del Corpo

Il linguaggio del corpo è estremamente potente perché può cambiare del tutto il significato delle parole. Per esempio, se qualcuno sta parlando e cercando di sembrare allegro e felice, ma il suo linguaggio del corpo è cupo e triste, a cosa crederai? Ovviamente dovrai credere al loro atteggiamento in generale. Non puoi dire "oh sono molto felice, mi sono svegliato con un sorriso enorme stamattina" con le sopracciglia aggrottate, gli occhi bassi e le spalle curve. Non è credibile. Puoi anche ascoltare il tono di voce, che potrebbe essere molto vivace, ma il linguaggio del corpo potrebbe farti mettere tutto in dubbio.

Poco fa abbiamo detto che sapere leggere fra le righe e analizzare un'altra persona è importante perché può aiutarti a individuare delle situazioni in cui i tuoi amici potrebbero essere in difficoltà, ma non vogliono dirtelo. In questi casi è il linguaggio del corpo a parlare. Il tuo amico potrebbe dire ciò che vuoi sentirti dire, ma se si rifiuta di guardarti degli occhi, la sua postura è ricurva e non sorride, anzi, è agitato e sembra irritato, non crederai alle sue parole, giustamente.

Imparare a leggere il linguaggio del corpo richiede tempo e, all'inizio, potresti mettere in dubbio ciò che vedi e domandarti se quello che pensi sia giusto. Un po' più avanti nel libro parleremo dell'intuito, di come iniziare a fidarti della tua voce interiore e lasciare che guidi le tue decisioni. Più riuscirai a farlo, più riuscirai a interpretare efficacemente il linguaggio del corpo, senza dubitare di te stesso.

Chi vuole ingannare e manipolare gli altri andrà verso una persona che non si fida dei suoi istinti e che non è tanto pratica nell'arte di leggere il linguaggio del corpo. Non trascorrerà molto tempo con chi sa leggerlo come se fosse un libro aperto! Per fortuna, puoi imparare a farlo.

Segnali Non Verbali a cui Stare Attenti

Quindi, a cosa devi prestare attenzione quando si tratta di interpretare il linguaggio del corpo?

Segnali diversi ti poteranno a conclusioni diverse. Prima di parlare di cosa potrebbe significare il linguaggio del corpo, diamo un'occhiata ai segnali non verbali più comuni da cercare in una persona. Quando vedi questi segnali, di solito in combinazione, puoi leggere fra le righe e giungere a una conclusione riguardo le parole pronunciate.

I segnali comuni del linguaggio del corpo includono:

- Evitare il contatto visivo
- Mantenere il contatto visivo deliberatamente per troppo tempo, ad esempio senza sbattere le palpebre
- Gli occhi non stanno mai fermi, ad esempio guardano ovunque tranne te; sbattere molto le palpebre
- Respiro affannato o debole
- Volto arrossato
- Sudorazione
- Irrequietezza, soprattutto di mani o piedi. La persona potrebbe torcersi le mani o battere i piedi

- Braccia incrociate sul corpo – una posizione di difesa
- Gambe accavallate, da seduto o in piedi – un'altra posizione difensiva
- Mordere il labbro

Per potere avere un'immagine chiara di cosa stia succedendo, è importante interpretare il linguaggio del corpo assieme alle parole che vengono dette, così come al modo in cui vengono dette, cioè al tono di voce, la velocità della parlata, ecc. Discuteremo a breve della parte verbale dell'analisi, ma per ora concentriamoci sul linguaggio del corpo.

Quando noti questi segnali chiave, il corpo della persona sta praticamente parlando al suo posto. Prima abbiamo detto che a volte puoi controllare il linguaggio del tuo corpo se conosci in anticipo la situazione in cui ti troverai, ad esempio un appuntamento o un colloquio di lavoro. Di solito, tuttavia, quando una persona si trova inaspettatamente in una situazione non può controllare il proprio linguaggio del corpo perché non ha avuto il tempo di prepararsi. Si tradirà anche incespicando sulle sue le parole.

Per capire come il linguaggio del corpo può aiutarti a giungere a una conclusione, diamo un'occhiata ad alcune situazioni comuni in cui potresti ritrovarti, e a come puoi interpretare Il linguaggio del corpo in quei momenti.

Situazione 1 – Qualcuno è turbato per qualcosa, ma non te lo dice

Forse un tuo amico sembra un po' strano, ma non riesci a capire perché. Dice le cose che vuoi sentirti dire, come ad esempio "sto bene", "sono solo un po' stanco", ma non gli credi. Il suo linguaggio del corpo come potrebbe confermare i tuoi sospetti?

In questo caso, il suo linguaggio del corpo potrebbe essere simile a quello di chi mente, ma non in modo negativo. Cerca dei segni come:

- Spalle ricurve
- Un atteggiamento distratto, ad esempio devi ripetere le cose diverse volte, sembra avere la testa fra le nuvole

- Si rifiuta di guardarti negli occhi per più di un secondo
- Incrocia le braccia sul corpo
- Fissa il vuoto per la maggior parte del tempo

Questi sono i segnali classici da cercare in qualcuno che è preoccupato per qualcosa ma non vuole dirtelo. Leggendo questo linguaggio del corpo e usandolo assieme alla conoscenza che hai di quella persona, puoi arrivare a una conclusione e provare a incoraggiarlo a parlare. Ovviamente, siamo tutti diversi, ma se conosci bene questa persona è probabile che riuscirai a ottenere più informazioni sul fatto che i tuoi sospetti siano corretti o meno.

Situazione 2 – Qualcuno mente e l'hai colto in fallo

Il vantaggio maggiore di sapere analizzare le persone è che puoi capire quando qualcuno ti mente. A meno che tu sappia cosa cercare e sappia leggere i segnali, sei vulnerabile alla manipolazione, ma una volta che hai aggiunto le abilità di analisi al tuo armamentario, puoi capire come vanno le cose senza essere disorientato, domandandoti se sei paranoico.

Chi mente non è in grado di nascondere il proprio linguaggio del corpo, a meno che non si tratti di un bugiardo molto bravo. In questo caso, ti serviranno ulteriori informazioni oltre al linguaggio del corpo, ad esempio i cosiddetti fatti che non tornano, ciò che dice, ecc. Persino chi è bravo a mentire si tradirà a un certo punto, ma puoi osservare attentamente il suo linguaggio del corpo per avere delle informazioni in più.

Chi ti sta mentendo ed è sul punto di essere scoperto di solito mostra i seguenti segni:

- Si rifiuta di punto in bianco di guardarti negli occhi, o la fa solo per brevi istanti
- Respira un po' più velocemente del normale
- Potrebbe sbattere le palpebre più spesso del normale e guardarsi intorno – punta lo sguardo da qualsiasi parte, ma non su di te
- Incrocia le braccia in maniera difensiva
- Suda
- Ha il volto arrossato
- È agitato, batte un piede o si contorce le mani

Ci saranno anche dei segnali verbali, ma in termini di linguaggio del corpo questi sono i principali a cui stare attenti.

Situazione 3 – Qualcuno è arrabbiato per qualcosa

Probabilmente non avrai bisogno di interpretare molte cose per capire che qualcuno è arrabbiato, ma ci sono persone che nascondono bene la propria rabbia, prima di scoppiare. Capire cosa cercare in situazioni semplici è importante per costruire le fondamenta dell'analisi delle persone. In questo caso, la rabbia è un caso pratico molto utile a cui dare un'occhiata.

Chi è arrabbiato non riesce a controllare per niente il proprio linguaggio del corpo. Una volta che sta quasi per esplodere, ha un controllo pari a zero su qualsiasi cosa, ed è utile sapere interpretare il suo linguaggio del corpo prima che raggiunga quel punto, di modo da poterti allontanare dalla situazione o per fare del tuo meglio per cercare di calmarlo, se possibile.

I segnali principali del linguaggio del corpo che indicano che qualcuno sta accumulando rabbia sono:

- Respiro affannato – più veloce, forte, riesci a sentirlo
- Pelle piuttosto rossa
- Nessun problema a mantenere il contatto visivo, anzi, lo mantiene per molto tempo senza sbattere le palpebre
- Pugni serrati
- Sudorazione

Capisci la differenza fra il linguaggio del corpo di chi sta cercando di nascondere qualcosa e chi no? Una persona che mente sta cercando di manipolarti di modo che tu non sappia qualcosa, vuole di ingannarti. Chi non vuole farti capire che è turbato fa quasi le stesse cose, ma non in maniera negativa, anzi, quasi con buone intenzioni. Con alcune piccole eccezioni, il linguaggio del corpo mostrato in queste due situazioni è piuttosto simile. Tuttavia, il linguaggio del corpo di chi è arrabbiato, cioè che non sta nascondendo niente ed è abbastanza chiaro su cosa sta provando, è molto diverso.

È interessante sapere mettere a confronto le diverse situazioni. Chi non sta nascondendo niente manterrà il contatto visivo, quasi in segno di sfida, cosa che non fa chi sta mentendo. Questa è la regola di base da seguire.

Modelli di Analisi Comuni

A parte il linguaggio del corpo, a cos'altro dovresti prestare attenzione quando analizzi gli altri? Quali schemi devi individuare per arrivare a una conclusione certa?

Le parole possono non avere alcun significato se il linguaggio del corpo urla qualcosa di diverso. Allo stesso modo, è possibile che il linguaggio del corpo sia contrastante, il che potrebbe farti andare fuori strada.

Il modo migliore per analizzare qualcuno è controllare il suo linguaggio del corpo, le parole che dice e come le dice, ad esempio il tono di voce, la velocità della parlata, e se balbetta o meno; infine, bisogna tenere in considerazione la situazione in cui ci si trova.

Potresti pensare che si tratti di un processo molto lungo che non ti permetterà di analizzare la gente in fretta, ma diventerà sempre più veloce ogni volta che lo farai. Se pensi a quando si impara a guidare, all'inizio non riesci nemmeno a immaginare di poter fare tutte quelle cose senza prestare troppa attenzione a cosa fare con la mano e quando, ma dopo avere imparato lo fai quasi senza pensarci. Lo stesso vale nell'analisi delle persone: più lo fai, più ti alleni, più diventerà automatico. Quando il tuo intuito inizierà a mandarti segnali d'allarme e a dirti che c'è qualcosa che non va, saprai che devi stare attento e userai la tua voce interiore come guida, assieme agli strumenti che ti stiamo dando in questo libro.

Punti Chiave di Questo Capitolo

Imparare a leggere il linguaggio del corpo ti aiuterà in molte aree della tua vita, non solo nell'arte di analizzare le persone in generale. Le parole che vengono dette si discostano spesso dalla verità ma, a meno che una persona non sia molto abile nel mentire, è improbabile che riesca a bloccare i segnali del suo linguaggio del corpo.

I punti chiave di questo capitolo sono:

- Il linguaggio del corpo è una tecnica quasi del tutto inconscia usata dal cervello quando percepisce una minaccia/per assicurare la sopravvivenza
- I segnali più comuni del linguaggio del corpo sono spesso in conflitto con le parole pronunciate dalla persona
- Segnali diversi si prestano a situazioni diverse
- Spesso, una persona che sta cercando di ingannarti si rifiuterà di guardarti negli occhi
- Imparare a interpretare il linguaggio del corpo può aiutare a capire la verità nascosta dietro le parole di

una persona, permettendoti di allontanarti dalla situazione o di aiutare qualcuno che potrebbe non volere ammettere di essere in difficoltà

- Imparare a fidarti delle tue abilità di lettura del linguaggio del corpo richiederà tempo, ma più lo farai, più diventerà facile.

Capitolo 3:

Come Interpretare le Parole

L'ultimo capitolo riguardava tutto ciò che non viene detto, ma come si interpreta ciò che invece viene detto? Le persone mentono sempre? Cercano sempre di nascondere qualcosa? No!

All'inizio è importante fidarsi delle parole e analizzare la situazione più in profondità solo se pensi che ciò che viene detto non sia del tutto accurato. Il tuo intuito ti aiuterà in questo. Non puoi dubitare di qualsiasi cosa ti venga detta – prima di tutto perché finirai per diventare paranoico, e poi perché sarai esausto per aver dato troppo peso a qualsiasi cosa!

Analizzare le persone non significa non fidarsi più di nessuno e dubitare di ogni parola che dicono; si tratta di capire quali situazioni potrebbero creare qualche dubbio e usare le tecniche per scavare un po' più in profondità e scoprire la verità. Non dovresti essere sospettoso solo perché qualcuno ti dice una cosa che all'inizio sembra non tornarti: potrebbe esserci una spiegazione valida.

Per esempio, se il tuo partner ti dice che deve lavorare fino a tardi, credigli. Le relazioni si basano sulla fiducia. L'unica situazione in cui dovresti iniziare ad analizzare un po' il tuo partner è quella in cui si ferma in ufficio più del dovuto diverse volte, e ci sono altre cose che non quadrano. Fai un'analisi solo quando te lo dice il tuo istinto, e non solo perché c'è qualcosa di diverso dal solito. Pensando troppo alle cose rischi non solo di impazzire, ma anche di mettere a rischio delle relazioni a causa di una sfiducia infondata.

Il punto è che dovresti ascoltare le parole e crederci, a meno che tu non abbia un motivo per dubitarne.

Leggere fra le Righe

Se pensi davvero che ciò che ti viene detto non sia la verità, cosa dovresti cercare a livello verbale? Abbiamo già parlato nel dettaglio del linguaggio del corpo, e dovresti sicuramente usare ciò che hai imparato in merito assieme all'analisi delle parole che stai sentendo. Se qualcuno ti sta mentendo, il suo linguaggio del corpo e le parole saranno in contrasto. In tal caso, credi al linguaggio del corpo, perché è raro che menta.

Hai sicuramente sentito il vecchio detto 'le azioni parlano più forte delle parole', ed è una verità consolidata. Quando ci troviamo in una situazione da cui vogliamo uscire, tendiamo prima di tutto a farlo tramite le parole. Cerchiamo di spiegarci, ma potremmo balbettare, sbagliare parole. Nel farlo, il nostro corpo attiva la risposta ‘combatti o fuggi’ di cui abbiamo parlato prima. Ed è qua che si inizia a sudare, ad arrossire, a innervosirsi. Se la spiegazione non sembra funzionare, è probabile che ci si irriti perché le parole non hanno l’effetto desiderato e non si riesce a essere eloquenti. Allora ci si stressa e si potrebbe iniziare a sudare di più, ad asciugarsi la fronte, ad avere tic nervosi, a sbottonare la camicia, ecc.

Se vedessi qualcuno comportarsi in questo modo sentiresti subito dei campanelli d’allarme e capiresti che c’è qualcosa che non va.

La situazione procede e il tono di voce si fa sempre più alto, la velocità di conversazione aumenta, e cerchi disperatamente di fare capire all'altra persona il tuo punto di vista, di credere alla tua bugia, ma dentro di te sai che non sta funzionando. Non riuscirai a guardarla negli occhi perché sa che non stai dicendo la verità, e ti sentirai in colpa.

La situazione nel suo insieme diventa chiara quando combini il linguaggio del corpo con il modo in cui funzionano i segnali verbali. Vedi quanto può essere facile una volta che sai cosa cercare?

Di certo ti è capitato di trovarti in una situazione in cui forse hai mentito o distorto un po' la verità, e hai provato disperatamente a uscirne. Dai, ammettilo, siamo umani dopotutto! Come ti sei sentito? Prova a pensare a una volta in cui ti è successo e immagina il tuo linguaggio del corpo e le tue parole. Capire come rispondi a certe situazioni può aiutarti a interpretare gli altri, entro certi limiti.

Il punto è che in una situazione spinosa la verità di solito è da qualche parte fra le righe, cioè a metà fra le parole pronunciate dalla persona e le sue azioni.

Scelta Lessicale Contro Tono di Voce

Le parole che una persona sceglie di usare possono dire molto su ciò che sta succedendo sotto la superficie. Quando le analizzi assieme al modo in cui vengono pronunciate e a ciò che dice il linguaggio del corpo, puoi raccogliere informazioni sufficienti per poter arrivare al cuore della questione.

Bisogna stare attenti a due cose in termini di scelta delle parole. Anzitutto, la persona in questione potrebbe scegliere parole lunghe, ad esempio potrebbe provare ad accecarti con la scienza e quindi scegliere parole di cui pensa che tu non sappia il significato. In questo caso, spera che tu ti limiti ad annuire e lasci perdere. D'altro lato, potrebbe balbettare e scegliere un linguaggio semplice, perché il suo cervello sta funzionando troppo in fretta per poter cercare di essere coerente.

Cosa significa tutto ciò?

Non puoi basarti solo sulla scelta delle parole; ti servono altre informazioni per poter avere un quadro chiaro della situazione. Per esempio, è probabile che qualcuno ti stia mentendo se usa parole semplici, intervallate da molti 'ehm', 'ah', 'eh'. Ciò significa che l'hai colto di sorpresa. Tuttavia, potrebbe significare anche che hai tirato fuori un argomento con cui non è a proprio agio, perciò a questo punto dovresti interpretare il suo linguaggio del corpo per capire di quale possibilità si tratti.

Chi usa un linguaggio troppo complicato potrebbe stare mentendo, e usa quelle parole per cercare di confonderti. In questo caso, è probabile che si tratti un bugiardo professionista! Oppure si tratta di una persona nervosa che sta facendo del suo meglio per cercare di fare una buona impressione, ma che ciò che dice abbia senso dipende dall'argomento e da come si esprime sotto pressione.

Ripetiamo che è impossibile analizzare qualcuno basandosi solo sulle parole che sceglie, ma è un pezzo del puzzle che ti porta a giungere a una conclusione.

Velocità e Tono di Voce

L'altra cosa a cui prestare attenzione, oltre alle parole usate e a come vengono dette (il tono), è come queste si legano alla velocità a cui una persona parla. Se qualcuno parla in fretta o sta mentendo, o ha paura, è nervoso, arrabbiato o turbato. Se qualcuno parla lentamente, potrebbe non importargli ciò che dici, essere completamente disinteressato, o potrebbe essere distratto da qualcos'altro.

La velocità di eloquio può essere interpretata assieme al tono, cioè il modo in cui qualcosa viene detto. Ci sono diversi modi per dire le cose. Per esempio, dire qualcosa con una leggera inflessione nella voce verso la fine, alzando appena il tono, potrebbe voler dire che stai trasformando l'affermazione in una domanda. Invece, tenere un tono di voce piatto significa che è un'affermazione e non una domanda. In molte situazioni diverse, che tu stia facendo una domanda o un'affermazione può cambiare molte cose.

A questo punto si potrebbe parlare anche del sarcasmo. Anche se a volte è usato in maniera umoristica, può essere usato anche per portarti fuori strada, farti mettere in dubbio ciò che stai dicendo (e te stesso), o può essere un segno di arroganza. Anche in questo caso, non si può capire solo dal tono, bisogna prendere in considerazione anche il resto della situazione per poterlo sapere con certezza.

Se qualcuno sta parlando piuttosto in fretta, il suo linguaggio del corpo mostra segni di irritazione o angoscia, come sudorazione, irrequietezza, una posizione difensiva, e fa un po' fatica a parlare, è un buon indicatore del fatto che quella persona sia stata scoperta a mentire, o che si stia per scoprire qualcosa che avrebbe preferito tenere segreta.

D'altro lato, se qualcuno parla abbastanza lentamente, sembra distante, usa molti 'ehm', 'uhm', 'ah', e il suo linguaggio del corpo suggerisce che abbia la testa da un'altra parte (ad esempio si agita, distoglie lo sguardo, sospira), potrebbe essere un segno che c'è qualcosa che non va e che sia distratto da un qualche tipo di problema.

Sapere cosa cercare e riuscire a mettere insieme i segnali ti farà avere le informazioni di cui hai bisogno per analizzare accuratamente la persona e la situazione.

Segnali a cui Stare Attenti

Oltre alle parole e al linguaggio del corpo, ci sono altri aspetti che dovresti analizzare per valutare la situazione e il quadro generale? Sì. Ci sono alcuni comportamenti che vengono adottati dalle persone quando si sentono in un certo modo o stanno cercando di nascondere qualcosa. Per esempio, ti sei mai imbattuto in un bugiardo che cerca di rigirare tutto su di te? Gli fai una domanda e te la ritorce contro, facendo una giravolta completa e chiedendoti praticamente la stessa cosa.

Un esempio molto indicativo in questo caso risulta essere anche piuttosto sconcertante: quando qualcuno scopre che il proprio partner l'ha tradito. Quando si affronta la questione, è possibile che il partner neghi tutto, ma ci sono molti segnali a cui stare attenti che ti diranno se credergli o meno. La prima cosa che farà un traditore sarà riflettere su di te l'azione. In questo caso, è probabile che ti accusi di averlo tradito; tirerà fuori qualcosa di molto casuale successa in passato che, in qualche modo, ricondurrà all'infedeltà. Non avrà alcun senso, ti farà infuriare, ma è una tecnica usata per farti fermare a riflettere per un attimo e farti decidere di avere torto. In questo caso, il traditore la fa franca e può tornare a vivere tranquillo.

Ci sono diversi tipi di comportamento che rientrano in questa categoria, e dipende tutto dalla situazione e dalla persona, assieme al suo linguaggio del corpo e verbale, che ti darà un'immagine più chiara della situazione. Alcuni comportamenti a cui stare attenti includono:

- Ribaltare tutto su di te
- Darti la colpa per la cosa di cui lo stai accusando/stai insinuando che abbia fatto
- Accusarti della stessa cosa di cui lo stai accusando/stai insinuando che abbia fatto
- Arrabbiarsi molto in fretta
- Provare a farti distogliere l'attenzione dalla conversazione/insinuazione
- Usare i tuoi punti critici o farti innervosire per cercare di distrarti, facendoti arrabbiare. Così facendo, può ribaltare la situazione e "vincere" la discussione
- Cercare di farti provare compassione rivangando una situazione o un problema triste

Questi comportamenti possono essere assunti da chiunque, ma sono anche comuni nei narcisisti.

Potrebbe entrare in gioco pure il gaslighting, cioè ribaltare le cose su un'altra persona e farle dubitare di se stessa. In questo caso, il narcisista spera che l'altro lasci perdere la conversazione e lo lasci in pace. Nei casi più gravi, un narcisista può fare dubitare un'altra persona della propria sanità mentale con un approccio lento e costante di gaslighting.

Sicuramente avrai sentito parlare del gaslighting in passato, essendo molto discusso di questi tempi. Sempre più persone stanno aprendo gli occhi sugli effetti nocivi dell'avvicinarsi a una persona narcisistica e su quanto possa essere terribile il gaslighting.

Certo, il comportamento mostrato da una persona potrebbe non essere grave come il gaslighting, ma è comunque una tecnica di distrazione per cercare di confonderti. Per esempio, chi si arrabbia in fretta e inizia a parlare di cose che esulano dall'argomento che volevi affrontare, sta chiaramente cercando di calmare la situazione e spera che tu lasci perdere. L'idea è che tu non lo vorrai provocare ulteriormente, perciò non tirerai mai più fuori l'argomento.

Stare attenti a questi tipi di tecniche di distrazione ed elementi comportamentali ti aiuterà a proseguire il tuo viaggio lungo la strada dell'analisi accurata delle persone.

Punti Chiave di Questo Capitolo

In questo capitolo abbiamo parlato dei segnali verbali a cui stare attenti quando si cerca di analizzare una persona. Abbiamo discusso del linguaggio/delle parole scelte, del tono, della velocità e di altri tipi di comportamento che vanno di pari passo col lato verbale. Ovviamente, devi usare tutte queste informazioni assieme al linguaggio del corpo per poter avere un'idea chiara delle cose a cui stare attento per capire una persona.

I punti principali di questo capitolo da ricordare sono:

- Le parole scelte da una persona sono importanti – stai attento alle parole semplici, molti 'ah', 'uhm', 'ehm', o alle parole troppo complicate
- Anche il tono è importante nel capire le vere intenzioni di qualcuno
- La velocità di eloquio è cruciale
- Le tecniche di distrazione, come il gaslighting, arrabbiarsi, rigirare le cose su di te, sono tutti

metodi per cercare di confondere una persona ed evitare che scopra qualcosa

- Analizzare un narcisista può essere difficile, perché sono maestri dell'inganno e usano spesso tecniche di gaslighting per portare una persona a dubitare delle sue idee e della propria sanità mentale.

Capitolo 4: Reali Intenzioni o una Maschera Astuta?

Quando si inizia a cercare di analizzare le persone più a fondo, il problema è che è molto facile sbagliarsi. Nel prossimo capitolo parleremo dell'intuito e perché sia importante ascoltarlo, sempre tenendo in considerazione tutte le informazioni che hai già scoperto.

Non tutti cercano sempre di prendersi gioco di te, intenzionalmente o inconsapevolmente, e a volte potrebbero stare avendo una brutta giornata, non sentirsi bene, o essere un po' distratti per un problema personale. È molto importante non portare all'estremo l'arte di analizzare le persone, altrimenti potresti ridurre in fretta la tua cerchia di amicizie!

In questo capitolo, esploreremo il fatto che ai giorni nostri molte persone indossano una maschera, ma sono altrettante quelle oneste. L'arte di scoprire quale sia il caso del tuo interlocutore sta tutta nella pratica e nel tenere la mente aperta.

Come Possono Essere Mascherate le Intenzioni Negative

Un individuo molto bravo a prendere in giro gli altri spesso può mascherare le proprie intenzioni negative interpretando il ruolo della persona affascinante o della vittima. Sono entrambi modi molto astuti di mascherare le proprie intenzioni e funzionano la maggior parte delle volte. Tuttavia, man mano che diventerai più abile nell'analizzare le persone, riuscirai a capire se il tuo interlocutore sta nascondendo qualcosa o meno. Certo, è possibile che stia nascondendo una situazione triste di cui non vuole parlare, ma potrebbe trattarsi anche di bugie o tradimento.

Nascondere qualcosa non significa sempre che ci siano delle cattive intenzioni dietro; può semplicemente essere che quella persona non voglia parlarne. Capire di che tipo di situazione si tratti può essere difficile all'inizio.

La scelta di interpretare la parte della vittima o della persona affascinante è molto diffusa. Vediamo perché.

A tutti piace una persona affascinante. Vuoi stargli attorno, essere notato da lei, e ti senti bene quando decide di trascorrere del tempo con te. È spiritosa, sa fare conversazione, e di solito è piuttosto affabile e attraente, tanto che nessuno potrebbe mai pensare che ci siano intenzioni negative sotto la superficie. Ovviamente si tratta di una sceneggiata, perché la persona affascinante (in questo caso; non tutte le persone affascinanti stanno nascondendo qualcosa) sta ingannando tutti facendo credere di essere invincibile.

Se viene anche solo sussurrato qualcosa di negativo su questa persona, lo ignorano tutti, presumendo che chi l'ha detto sia solo geloso. Come puoi vedere, diventare una persona affascinante può funzionare da giubbotto antiproiettile e, per questo motivo, nel corso della storia molti criminali, traditori e classici bugiardi nel corso sono stati sempre descritti come "affascinanti".

D'atro lato, anche giocare la carta della vittima può avere altrettanto successo. Vogliamo fare tutti il tifo per la persona svantaggiata e vogliamo che la sua brutta situazione migliori. Interpretando il ruolo della vittima, quella persona sta cercando di ottenere compassione, fiducia, una connessione emotiva, così non crederai mai che abbia intenzioni negative. Non lo farà solo con te, ma anche con diverse altre persone.

Il problema del gioco della vittima è che gli si può ritorcere contro. La gente è disposta a guardare qualcuno fare il martire ed essere pessimista per un determinato periodo di tempo prima che si stanchi e cerchi una dose di ottimismo. Perciò si può intuire come la figura della persona affascinante funzioni meglio rispetto a quella della vittima. Nonostante ciò, si tratta comunque di una tattica usata da molte persone in maniera piuttosto efficace.

L'arte di nascondere le intenzioni negative di solito viene praticata ottenendo la fiducia di una persona e poi ingannandola. Quando le due si separano, prima o poi, la persona che è stata ingannata rimane segnata dall'esperienza e spesso ha problemi a fidarsi degli altri in futuro. Il che non è sorprendente, ma è un trucco tanto usato da ingannatori e manipolatori che può essere una buona idea indagare di nascosto, sempre che tu abbia delle prove che indichino che ti trovi in una situazione del genere.

Ricorda, alcune persone sono semplicemente affascinanti per natura, non significa che stiano nascondendo qualcosa; alcune sono effettivamente vittime, e anche in questo caso non significa che abbiano intenzioni nascoste. Il fatto che delle persone senza scrupoli usino queste tattiche è scorretto nei confronti di chi è fedele a se stesso e rende più difficile analizzare gli altri, soprattutto per un principiante.

Interpretare il Nervosismo e Individuare le Bugie

Due delle situazioni più comuni che ti troverai ad analizzare sono quella in cui qualcuno mente, e quella in cui una persona è paralizzata dal nervosismo. È estremamente utile imparare a leggere entrambe le situazioni perché possono aiutarti ad allontanarti da un potenziale manipolatore o a capire l'altro e aiutarlo a superare il suo nervosismo.

Interpretare il nervosismo e le bugie sono due cose molto diverse. Vediamo di cosa di tratta.

Quando analizzi qualcuno che pensi stia mentendo, puoi individuare alcuni segnali chiave abbastanza in fretta.

- **Linguaggio del corpo di un bugiardo** – Evita il contatto visivo, è irrequieto, sembra distratto, ha le braccia incrociate sul corpo o le gambe accavallate, sbatte il piede, ha la pelle arrossata, le pupille dilatate (se lo vedi a distanza ravvicinata), e forse suda. Tutto ciò presumendo che non si tratti di un bugiardo professionista; in tal caso, riuscirà a guardarti negli occhi e ti fisserà. È un'altra cosa a cui stare attenti.

- **Segnali verbali di un bugiardo** – Si contraddice, usa 'ehm' per guadagnare tempo e capire cosa dire, probabilmente usa parole lunghe per cercare di confonderti, parla in fretta, usa il sarcasmo, ha un tono interrogativo.
- **Tratti comportamentali di un bugiardo** – Si irrita quando metti in dubbio ciò che dice, potrebbe provare a rigirare la situazione su di te, usa tecniche di distrazione, nega tutto.

Diamo invece un'occhiata a come potrebbe comportarsi una persona nervosa.

- **Linguaggio del corpo di una persona nervosa** – È irrequieta, tira il colletto e i polsini dei vestiti, batte il piede, suda, ha la pelle arrossata, il respiro affannato e udibile, sembra distratta/con la testa fra le nuvole. Potrebbe guardarti negli occhi con uno sguardo che sembra voler dire 'aiutami'.

- **Segnali verbali di una persona nervosa** – Parla in maniera veloce o estremamente lenta, usa molti 'ehm', 'uhm', 'ah' e non riesce a trovare le parole giuste. Di solito usa parole piuttosto brevi e balbetta.
- **Tratti comportamentali di una persona nervosa** – Non sembra essere presente e può essere piuttosto frustrante parargli. Di solito pone molte domande del tipo 'e se' che potrebbero avere o meno qualcosa a che fare col problema o la situazione attuale. Lo fa per cercare di sentirsi meglio, per convincersi che la situazione non è male come sembra.

Come puoi vedere, in una situazione ci sono intenzioni negative, mentre nell'altra si tratta di qualcuno che sta solo cercando di gestire le sue emozioni negative. Man mano che diventerai più esperto nell'analizzare le persone, sarai in grado di individuare facilmente entrambe queste situazioni classiche. Chi mente potrebbe essere piuttosto convincente, ma ci sarà sempre qualcosa nel suo linguaggio del corpo che lo tradirà. Chi è nervoso, lo sarà in maniera evidente. Non cercherà di ingannarti e non scapperà dalla conversazione – sarà così consumato dal proprio nervosismo da non riuscire a pensare a nient'altro.

L'Importanza di Tenere la Mente Aperta

Abbiamo già parlato brevemente di questo argomento, ma è assolutamente importante sottolinearlo di nuovo: non tutti hanno intenzioni negative. L'idea di analizzare le persone non vuol dire sempre individuare traditori e bugiardi, anche se è sicuramente un vantaggio di questa abilità. Analizzare le persone significa sapere individuare le barriere emotive e, magari, riuscire a usare la tua empatia naturale per aiutare una persona ad aprirsi.

In quanto umani, tendiamo a focalizzarci sul lato negativo delle cose, tanto da trovare difficile concentrarci sul resto, e tendiamo a cercare di renderci invincibili di modo che non ci succeda mai niente di male. Il problema è che la vita ha in sé lati positivi e negativi, ed è impossibile cercare di individuare ogni cosa negativa prima che si verifichi. Devi solo fare buon viso a cattivo gioco.

Il punto di sapere analizzare gli altri è essere consapevole e in grado di aiutare o di allontanarti da una situazione nel caso in cui si presenti. Non di andare in giro ad accusare chiunque di mentire o nascondere qualcosa; diciamo piccole bugie bianche ogni giorno, e la maggior parte non provoca nessun danno. Il nostro linguaggio del corpo ci tradirà se qualcuno lo osserverà abbastanza attentamente, ma dobbiamo capire da soli in quali situazioni è giusto osservarlo e in quali, invece, non ha senso. È molto meglio concentrarsi sull'aiutare gli altri che cercare di dargli la colpa per cose che potrebbero non aver fatto.

Per esempio, se vedi un amico e sospetti che ci sia qualcosa che non va, analizza il suo comportamento e le sue parole e cerca di capirlo. A quel punto potrai aiutarlo ad aprirsi, incoraggiarlo a parlare. Non hai idea di quanto potrebbe essergli utile.

Per questo motivo, usare le tue abilità di lettura delle persone per scopi buoni è molto meglio che diventare improvvisamente la polizia dei tradimenti e delle bugie!

Punti Chiave di Questo Capitolo

Imparare ad analizzare le persone richiede tempo e impegno, ma può diventare uno strumento molto utile. Tuttavia, non significa che devi analizzare ogni singola persona o situazione in cui ti trovi!

Quando comincerai il tuo viaggio nell'analisi delle persone, sarai sicuramente tentato di dare troppo peso a tutto, ma è importante ricordarsi di trovare un equilibrio. Alcune persone hanno solo giornate storte, o forse stanno vivendo qualcosa di brutto nella propria vita privata. Ciò potrebbe far comportare in maniera un po' strana una persona solitamente equilibrata, e non dovresti prendertela troppo a cuore o essere sospettoso. L'arte di analizzare le persone va usata solo quando necessario, non costantemente.

I punti chiave di questo capitolo da ricordare sono:

- Per alcuni può essere facile mascherare le proprie intenzioni negative e cercare di convincerti a credere a una bugia
- Capire la differenza fra qualcuno che sta mentendo e una persona semplicemente nervosa è vitale
- Una persona nervosa non sta cercando di ingannarti, è solo presa dai propri pensieri e del tutto distratta dalla situazione corrente
- È importante tenere la mente aperta e capire che le persone potrebbero stare vivendo una brutta situazione personale, che spiega il loro

comportamento. Non significa che tu debba analizzarle attentamente

- Imparare ad analizzare le persone è utile in situazioni in cui sei molto preoccupato per qualcuno, per te, di essere ingannato, o quando puoi aiutare un'altra persona, ad esempio un amico turbato per qualcosa di cui non sta parlando.

Capitolo 5: Come Sviluppare la Percezione Personale e l'Intuito

Uno degli strumenti migliori che hai a tua disposizione è già dentro di te, ma probabilmente non lo ascolti o non te ne fidi.

Ogni singolo giorno abbiamo delle intuizioni o dei presentimenti, ma la maggior parte di noi non vi presta molta attenzione. Il fatto è che quelle intuizioni sono la chiave per liberare il tuo potenziale di analisi. Sono lì per tenerti al sicuro, per aiutarti a capire le altre persone, per consentirti di prendere decisioni migliori e più affidabili in generale.

Hai sicuramente sentito parlare dell'istinto materno. La verità è che non devi essere una madre per avere intuito – lo abbiamo tutti! Il termine stesso deriva dal meccanismo di sopravvivenza di una madre che cerca di tenere al sicuro il figlio. È l'abilità innata di sapere qualcosa senza avere un motivo effettivo per cui saperla. Probabilmente ti è già successo; forse avevi una strana sensazione riguardo a qualcuno e hai provato a confermarla con logica e ragionamenti, dicendoti che in realtà non stava succedendo niente, che andava tutto bene, ma dopo hai scoperto che quella persona stava passando un brutto periodo.

In quella situazione, se avessi ascoltato il tuo istinto, ti fossi fidato di quell'intuizione, forse avresti potuto parlare di più con quella persona senza credere ciecamente al suo "sto bene".

In alcuni casi estremi, l'intuito può anche tenerti in vita. Ci sono persone che hanno affermato di avere avuto presentimenti che gli dicevano di non fare una cosa. Ad esempio, c'è chi ha avuto la sensazione di non dover guidare lungo una strada perché sembrava troppo buia. Ignorando l'intuito e andandoci comunque, perché non vedeva il motivo per cui non avrebbe dovuto farlo, ha avuto un incidente.

Non si tratta di qualcosa di mistico o sovrannaturale, ma del tuo subconscio che cerca di darti suggerimenti e guidarti nella direzione giusta. Il fatto è che quando inizi a fidarti e ad ascoltare il tuo intuito, può diventare uno strumento molto utile nella vita di tutti i giorni.

Il tuo intuito può:

- Aiutarti a prendere decisioni migliori
- Aiutarti a bilanciare logica ed emozioni per farle incontrare a metà strada
- Aiutarti a rimanere al sicuro
- Aiutarti a capire meglio una situazione
- Aiutarti a capire se qualcuno sta nascondendo qualcosa o è turbato per qualche motivo
- Darti il pezzo mancante in un puzzle metaforico
- Aiutarti ad analizzare persone e situazioni

Sapere analizzare le persone non significa solo sapere cosa cercare e mettere insieme tutti i pezzi, ma anche ascoltare il tuo istinto e lasciare che guidi le tue decisioni. D'altro lato, non vuol dire solo seguire i tuoi presentimenti e ignorare la logica e altri segnali, ma usare tutti gli strumenti a tua disposizione e permettergli di combinarsi insieme per creare un arsenale efficace.

Fidarsi della Propria Voce Interiore

Il problema più grande insito nel concetto di intuito è che la maggior parte delle persone non gli dà fiducia, perché non può essere spiegato. In quanto umani, ci piacciono le cose che riusciamo a capire, quelle a cui possiamo applicare logica e razionalità. È impossibile dare una definizione scientifica all'intuito, esiste e basta. Non si può nemmeno dire che non sia reale, perché l'abbiamo sentito tutti almeno una volta, e ci siamo trovati in situazioni in cui abbiamo provato sensazioni che non sappiamo spiegarci.

Il fatto che l'intuito non sia supportato dalla logica può significare che alcune persone non se ne fidano mai nel corso della vita. La cosa triste di ciò è che l'intuito cerca sempre di aiutarle, e se provassero ad ascoltarlo potrebbero prendere decisioni migliori, vedere delle cose che stavano ignorando inconsapevolmente e, di conseguenza, arricchire le loro vite. Certo, in alcuni casi estremi ascoltare l'intuito avrebbe potuto tenerle al sicuro in situazioni il cui risultato è stato completamente diverso.

Quindi, come si fa a imparare ad ascoltare l'intuito? Sviluppare la fiducia nell'intuito è un po' come sviluppare i muscoli in palestra: dovrai allenarli perché diventino più forti, e più lo sono, più diventano importanti nella tua vita. Considera il tuo intuito come un muscolo da allenare e dedicagli lo stesso tempo e impegno che dedicheresti al sollevamento pesi.

Prima di tutto devi capire che sensazione ti provoca il tuo intuito. Alcune persone dicono sembra un bagliore caldo, altri una sensazione insistente, altri ancora che è come se avessero un peso sullo stomaco. È una cosa personale, perciò devi imparare e riconoscerlo di modo da poterlo identificare quando si presenta. Ricorda, il tuo intuito non è sempre presente, viene fuori solo quando è necessario, quindi devi identificarlo per non confonderlo con qualcos'altro prima di potere iniziare ad ascoltarlo e a fidarti di ciò che ti dice.

L'altra cosa che crea confusione è che l'intuito non si presenta in forma verbale. Proverai una sensazione strana che ti avverte del fatto che il tuo intuito è entrato in azione, poi una voce dall'alto ti dice improvvisamente ciò che devi sapere! È una sensazione, qualcosa che "sai e basta", ed è questa la parte che la gente fa più fatica ad accettare. Come fai a sapere cosa ti sta dicendo il tuo intuito? È qui che entra in gioco la fiducia, nell'intuito e nelle tue capacità di giudizio.

Il modo migliore per imparare a fidarti del tuo intuito è di seguirlo ciecamente e vedere dove di porta. Sappi che sarai al sicuro e che non ti succederà niente di male, e lasciati trascinare dalla corrente. Quando la logica cercherà di far ragionare la mente, cacciala via ed esplora quella sensazione, cerca di definire i pensieri che spuntano nella tua mente.

Per esempio, la situazione riportata di seguito non ha niente a che fare con l'analisi delle persone, ma è utile per capire cosa stia cercando di dirti il tuo intuito in forma visiva.

Immagina che ti sia stato offerto un lavoro e non sei sicuro se accettarlo. Certo, ha i suoi vantaggi, forse anche uno stipendio più alto, ma c'è qualcosa che ti impedisce di dire di sì. Quel 'qualcosa' è il tuo intuito. Potrebbe prendere la forma di un dubbio insistente, qualcosa che non riesci a capire del tutto. Quando ti senti così, devi fermarti ed esplorare quella sensazione.

Chiediti perché ti senti a disagio e cerca di immaginarti mentre svolgi quel lavoro. Che colore ti viene in mente? Uno vivace, allegro? O uno scuro, tetro? Molte persone affermano che il loro intuito gli fornisce informazioni tramite immagini visive e colori. Se nella tua visione quel lavoro ha un colore scuro, allora il tuo intuito ti sta dicendo che non è quello giusto, qualsiasi sia il motivo. Potresti non conoscere mai la motivazione precisa, ma sai che è la decisione giusta quando ti dici "non penso che sia il lavoro giusto per me". Quella sensazione cambierà immediatamente. Il dubbio sparirà e ti sentirai improvvisamente di aver fatto la cosa giusta a non accettare.

D'altro lato, se nella tua visione il lavoro ha un colore vivace e sorridi, il tuo intuito ti sta spingendo ad accettarlo.

Grazie a questo esempio puoi capire perché alcune persone fanno fatica ad accettare l'idea dell'intuito, considerandolo una sorta di abilità psichica, ma non lo è affatto. Si tratta semplicemente del tuo cervello e del tuo subconscio che cercano di lavorare insieme per aiutarti a prendere la decisione più giusta per te. Se il tuo intuito ti sta assillando, è perché nel profondo sai già qualcosa, ma stai respingendo il pensiero e non lo stai ascoltando.

Proseguendo con l'esempio di prima, l'azione successiva sarebbe rifiutare il lavoro. La tua logica potrebbe urlarti "ma lo stipendio è migliore"; tuttavia, sai che non saresti felice, e quest'informazione ti è arrivata dalla sensazione oscura che emanava il lavoro quando l'hai esplorato nel dettaglio.

È importante sapere anche che è assolutamente normale avere dei dubbi quando inizi a seguire per la prima volta il tuo intuito, anche dopo che cominci a fidarti del tutto. La nostra mente è progettata per essere un po' sospettosa; è così che impariamo a sopravvivere e a superare le situazioni difficili. Ciò che devi fare è essere sicuro di avere fatto la scelta giusta nel seguire il tuo istinto, e lasciare che il resto accada.

Probabilmente noterai che fidandoti del tuo istinto e seguendo ciò che ti dice non farai mai molti errori. Più lo fai, più ti fiderai del tuo intuito, più sarà facile seguire il tuo istinto in futuro.

Intuito e Analisi di Persone e Situazioni

Quando si tratta di analizzare le altre persone, il tuo intuito è di vitale importanza. Potresti avere la sensazione che ci sia qualcosa che non va in una persona o situazione, ma non hai delle prove concrete a supporto di quell'ipotesi. Ovviamente, ti servono delle prove per poter accusare qualcuno di aver fatto o detto qualcosa, ma dovresti ascoltare anche il tuo istinto per capire se studiare più a fondo la situazione o se lasciare perdere.

Imparare a fidarti del tuo intuito e di ciò che ti dice, a prescindere dal fatto che il cervello possa definirti pazzo, è l'unico modo per capire davvero ciò che l'istinto sta cercando di dirti. Se non lo ascolti, ti domanderai sempre se avessi ragione o meno.

Il punto è che tendiamo a vedere ciò che vogliamo e respingiamo le cose a cui non vogliamo credere. Ciò può succedere anche quando si tratta di una persona. Forse è qualcuno che ami e hai il sospetto che ti stia tradendo. Non è una buona idea accusarlo subito, ma dovresti ascoltare l'intuito e lasciare che ti guidi nel tentativo di scoprire di più. Il tuo istinto non sta cercando di rovinare la relazione o ferirti, ma di evitare che tu prenda una strada che, alla fine, ti poterà ad avere il cuore spezzato e a più dolore di quello che proveresti a scoprire subito la verità.

Quindi, quando hai un presentimento su una persona o in una situazione, non saltare subito alle conclusioni, ma usalo per esplorare meglio la questione. Ascolta ciò che ti dice e cerca le prove. Ci sono buone possibilità che le trovi guardando il linguaggio del corpo di una persona, ascoltandone le parole e il modo in cui le dice, e unendo insieme i vari pezzi. In questo caso, il tuo intuito ti sta guidando, il che è proprio il suo scopo.

Quando senti qualcuno dire: “qualcosa non mi torna” o “ho una strana sensazione su di lui/lei”, sta ascoltando il proprio intuito riguardo a una persona e gli sta permettendo di guidare la sua analisi. Fidandoti ciecamente del tuo istinto, diventerai molto più sicuro della tua abilità di capire cosa sta cercando di dirti.

È molto da accettare, sicuramente. L’intuito non può essere spiegato, ma è estremamente reale. Gli scienziati non possono misurare l’intuito e i presentimenti. Non ci sono dati da registrare, nessuno caso di studio da esaminare con prove fisiche, ma solo una sensazione che dovrebbe essere seguita. Per questo molte persone hanno opinioni negative a riguardo. Il fatto è che quelle persone che ne parlano male non si fidano del loro intuito e non ci hanno nemmeno mai provato.

Di certo è meglio provare e scoprirlo da te.

Distinguere l'Intuito dalla Paranoia

Una delle sfide più grandi che dovrai affrontare quando inizierai a cercare di ascoltare e fidarti del tuo intuito, è decidere se si tratta di un po' di paranoia o se stai davvero sentendo il tuo intuito che cerca di guidarti. Può certamente succedere in alcune situazioni, ad esempio quando non vuoi credere qualcosa di brutto su una persona, e che ci sia qualcosa che non va in chi ti è vicino. È facile che la mente ci giochi degli scherzi, e quando non ti fidi del tuo intuito può essere ancora più facile metterlo in dubbio e spacciarlo come una sciocchezza.

Quindi come si fa a superare questo problema?

Devi fidarti di te stesso e non si può aggirare il fatto che, all'inizio, metterai in dubbio il tuo intuito; è normale, è parte integrante del processo di imparare ad abbandonare la logica, fino a un certo punto, e a permettere al tuo istinto di guidarti, tenendo a mente anche le altre informazioni necessarie che ti si presentano.

L'intuito e la paranoia tendono a dare sensazioni diverse, per quanto simili. Quando sei programmato a essere pessimista è facile farsi prendere dalla paranoia e dimenticare che potrebbe esserci un'altra strada, ma se vuoi analizzare efficacemente le persone devi essere pronto a lasciarti andare un po'.

La paranoia tende a essere negativa, mentre l'intuito è qualcosa che non riesci a comprendere del tutto. L'intuito non ti sta dicendo che una persona o una situazione è sicuramente in un modo, ma di scavare più in profondità, che qualcosa non è come sembra. In tal senso, l'intuito potrebbe somigliare al sospetto. D'altro lato, la paranoia ti darà una sensazione definitiva e negativa. Sintonizzandoti su come ti senti quando non sei sicuro se si tratti di paranoia o intuito, imparerai a capire la differenza, col passare del tempo.

La cosa migliore da fare è stare al gioco. Non imparerai mai a meno che tu non corra alcuni rischi calcolati. Perciò, la prossima volta che hai un presentimento, non metterlo in dubbio e non dare per scontato che sia solo la tua mente che ti gioca uno scherzo, o che si tratti di paranoia. Invece, esplora un po' di più quella sensazione, permetti alla tua fiducia di seguire quella sensazione. Come ti senti, riesci a visualizzare ciò che provi? Prima abbiamo parlato dei colori, che sono spesso un buon modo per capire se qualcosa è positiva o negativa a seconda della tonalità scura o chiara che assume la situazione.

A volte potresti trovarti a seguire un presentimento che si rivela essere sbagliato, ma è normale. Il tuo intuito non avrà ragione tutte le volte, soprattutto all'inizio. Tuttavia, è importante non lasciare che dei piccoli contrattempi ti rallentino e che ti facciano perdere fiducia in ciò che provi. Datti un po' di tempo e ci riuscirai!

Certo, è anche possibile che tu abbia seguito il tuo intuito, ma poi abbia agito nel modo sbagliato. È probabile, e devi essere preparato a questa eventualità. In questa situazione, non è stato il tuo intuito a sbagliare: sei stato tu a prendere la decisione sbagliata.

Imparare a fidarti del tuo intuito significa cancellare l'idea di essere paranoico. Devi anche abbandonare la nozione che devi avere sempre ragione. A volte interpreterai male una situazione, e ciò vale anche per chi analizza le persone. Si leggono storie di indagini di polizia che non portano ad alcun risultato, e poi qualche anno dopo potrebbe venire fuori che c'è sempre stato un indizio. Gli umani commettono errori quando si tratta di interpretare le situazioni e di compiere le scelte giuste. A volte sbagliamo, ma quando segui l'intuito fai la cosa giusta, la maggior parte delle volte.

Come Usare l'Intuito Insieme alla Logica

Uno dei metodi migliori per aumentare il tuo tasso di successo è di permettere a logica e intuito di coesistere una accanto all'altro. Potresti domandarti come sia possibile, perché di certo andrebbero in contrasto e causerebbero confusione e persino paranoia. Non è sempre così, ma di certo all'inizio potrebbe essere un problema.

Quando hai un presentimento, quando qualcosa sembra strano, o una vocina sulla spalla ti dice di andare più a fondo, prendi atto di quella sensazione e segnala la tua intenzione di fare esattamente ciò che il tuo istinto ti sta dicendo di fare – esamina meglio la situazione. A quel punto saranno la logica e le abilità che hai appreso fino ad ora sul linguaggio del corpo e i segnali verbali a prendere il comando.

Come puoi vedere, l'intuito non serve a risolvere l'indovinello dall'inizio alla fine, è una spinta gentile nella direzione giusta. Una volta che hai ricevuto il messaggio dal tuo intuito, è la logica a diventare la guida. Funzionano insieme e devi permettergli di farlo, senza preferire uno all'altra.

Quando inizi a ottenere risultati dall'ascolto del tuo intuito, è facile concentrarsi solo su quello e non seguire altre linee di indagine. Il problema è che, nel fare ciò, è probabile che ti perda qualcosa di importante.

Vedila così: se un'indagine di polizia si concentrasse solo sul linguaggio del corpo e sui presentimenti, riuscirebbero mai a risolvere il caso? No, perché le cose devono avere senso, ed è qui che entra in gioco la logica. Sì, bisognerebbe ascoltare l'intuito e sì, se hai un presentimento su qualcosa dovresti analizzarlo meglio, ma devi anche usare la logica per poter risolvere la situazione e giungere a una conclusione.

Non puoi dire a qualcuno "credo che tu stia mentendo perché lo percepisco". Ti riderà in faccia e ti chiederà che prove hai. Nessuna. Potresti pensare di avere ragione, e magari la hai davvero, ma devi avere delle prove a sostegno delle tue affermazioni, altrimenti verrai ignorato.

Il nocciolo della questione è che ci sono sempre delle prove, devi solo saperle cercare; il tuo intuito è la guida che ti dirà di farlo, e quando permetterai a entrambe le facce della medaglia di lavorare insieme, noterai un tasso di successo più elevato rispetto a quando usi solo l'intuito o la logica.

Combinare il Linguaggio del Corpo e i Segnali Verbali

Dopo aver parlato così tanto di intuito e istinti, come si applica la logica? Abbiamo detto che devi usare sia il cervello che l'intuito per prendere decisioni e analizzare le persone efficacemente e accuratamente. Per fare ciò, devi combinare il linguaggio del corpo e i segnali verbali e lasciare che l'insieme dei due ti porti a una conclusione.

Ci sono molte combinazioni diverse di cui potremmo parlare, ma non finiremmo più. Per esempio, alcune delle più comuni sono:

- Rifiutarsi di guardare negli occhi e balbettare significa che la persona sta mentendo
- Guardare negli occhi per poco tempo, essere distratti, parlare a bassa voce, faticare a trovare le parole, con molti 'uhm' e 'ah', può significare che la persona è distratta o ha un problema
- Mantere il contatto visivo in un modo piuttosto aggressivo con le braccia incrociate in una

posizione difensiva, ribaltare a te le domande invece di rispondere, può significare che sta nascondendo qualcosa e mentendo a riguardo.

Come puoi vedere, le combinazioni possono significare cose diverse. Chi si rifiuta di guardarti negli occhi non sta necessariamente mentendo, dipende tutto dagli altri segnali che accompagnano questo gesto.

La chiave è mettere insieme tutte le informazioni che hai ed evitare di saltare alle conclusioni prima di avere analizzato tutto. Una prova da sola può significare una cosa, ma quando la metti insieme ad altre prove potrebbe cambiare la storia, con una conclusione diversa.

Di sicuro all'inizio ti ci vorrà molto più tempo per analizzare persone e situazioni, ma diventerai più veloce e preciso man mano che farai esperienza. Potresti anche inciampare un paio di volte e sbagliarti, ma non lasciare che ciò ti impedisca di continuare a provare ad analizzare gli altri quando la situazione lo richiede.

Cosa è la Percezione Personale?

L'intuito e la percezione personale sono la stessa cosa? No. Una porta all'altra e, in questo caso, il tuo intuito ti conduce alla percezione personale.

La percezione personale è come interpreti una situazione. Ciascuno la interpreta in maniera leggermente diversa, da cui il 'personale'. Il tuo intuito ti porterà ad analizzare una situazione e, a questo punto, prenderai in considerazione anche il linguaggio del corpo e i segnali verbali, così come tutti i tratti comportamentali visibili. La tua percezione personale è quando decidi di che situazione si tratta, cioè quando giungi a una conclusione.

La cosa interessante è che puoi interpretare una situazione e usare la tua percezione per giungere a una decisone personale, ma un'altra persona può interpretare la stessa situazione e giungere a una conclusione leggermente diversa. Interpretiamo le cose a modo nostro, prendiamo le cose in modo diverso e siamo tutti leggermente più sensibili a certi argomenti che ad altri. Per questo analizzare le persone in maniera accurata è piuttosto difficile – tutti potrebbero percepire le cose in maniera diversa!

Per esempio, una persona timida potrebbe sembrare ignorante a qualcuno, ma un'altra persona potrebbe capire subito che si tratta di timidezza. Potrebbe trovarsi subito in sintonia con uno, mentre un altro potrebbe pensare che si tratti di una persona maleducata e non voglia avere niente a che fare con lui. Come percepiamo le situazioni e le persone può cambiare leggermente, ma non differisce mai troppo da uno all'altro.

Non si può fare niente riguardo la percezione personale perché è un'impostazione naturale presente dentro di te. Ciò che puoi fare è imparare a essere più preciso, assicurandoti di prendere tutto in considerazione, senza saltare a delle conclusioni che potrebbero discostarsi dalla verità. Si potrebbe dire che è per questo che le indagini di polizia devono essere supportate da delle prove. Non solo perché le prove assicurano l'imparzialità della giustizia, ma anche perché il modo in cui un agente potrebbe percepire una situazione potrebbe essere leggermente diverso da quello di un altro agente. È un'impostazione personale che non riflette sempre la verità o la realtà. Tuttavia, può guidarti verso la verità, sempre che tu tenga la mente aperta.

Punti Chiave di Questo Capitolo

Imparare ad ascoltare il tuo intuito è una cosa, ma imparare a fidartene è un'altra. Prima di poter arrivare a quel punto, è importante capire che cosa provi quando il tuo intuito si attiva.

Sarà diverso per ciascuno, ma è una sensazione di qualcosa che non va, o un presentimento che ti dice di scavare più a fondo. Alcune persone affermano che il proprio intuito gli fa sentire le farfalle nello stomaco, mentre altre dicono che non sanno come descriverlo, è semplicemente un presentimento, una piccola spinta, un dubbio insistente. Devi identificare che sensazione ti dà il tuo intuito e poi esplorarla. L'unico modo per fidarti del tuo intuito è seguirlo ciecamente e vedere dove ti porta. Sì, è un rischio in un certo senso, ma il tuo intuito non ti metterà mai in pericolo, esiste proprio per tenerti al sicuro!

Capire la differenza fra intuito e paranoia è importante, ma non c'è un modo semplice per farlo. Anche in questo caso, si tratta di fiducia cieca e di seguire le tue sensazioni. Paranoia e intuito differiscono di poco: la paranoia tende a essere una sensazione negativa, più cupa, mentre l'intuito è una sensazione insistente. Anche qui, ognuno avrà esperienze diverse.

Abbiamo affrontato molti argomenti in questo capitolo, e non ci sono risposte semplici su come imparare a fidarti del tuo intuito e a essere sicuro del fatto che ti stia portando nella direzione giusta. Puoi solo seguirlo e vedere come va!

I punti chiave di questo capitolo da ricordare sono:

- Il tuo intuito è lì per allontanarti dal pericolo e darti una spinta gentile verso delle situazioni da cui potresti trarre vantaggio
- L'intuito e la paranoia sono due cose molto diverse, ma possono essere confusi facilmente

- Imparare a fidarti del tuo intuito è difficile perché richiede una fiducia cieca. L'unico modo per poter fare affidamento sul tuo intuito è seguirlo
- L'intuito da solo non è sufficiente per analizzare le altre persone; devi usarlo per condurti verso delle situazioni e dirti quando c'è qualcosa che non va, per poi usare il linguaggio del corpo e i segnali verbali per avere un quadro generale
- Il linguaggio del corpo e i segnali verbali dovrebbero essere combinati per analizzare una persona, e anche se potrebbe volerci un po' di tempo per giungere a una conclusione, il processo diventerà più semplice e veloce man mano che ti allenerai ad analizzare gli altri
- La percezione personale è la conclusione finale a cui arrivi, cioè il modo in cui percepisci una situazione

- L’intuito viene prima della percezione personale. L’intuito è il presentimento che ci sia qualcosa che non va, mentre la percezione è il risultato finale della tua analisi.

Conclusione

Siamo arrivati alla fine del nostro viaggio nell'arte di analizzare le persone, e ormai dovresti essere pieno di idee e sicurezza, pronto a mettere in pratica le tue abilità.

L'arte di analizzare gli altri richiede tempo, questo è certo, e non devi scoraggiarti se all'inizio farai fatica a essere preciso o a mettere insieme i pezzi. Se analizzare le persone fosse facile, lo faremmo tutti dalla nascita, e non ci sarebbe speranza per chi mente o nasconde qualcosa!

Non si analizzano gli altri sempre per motivi negativi. Sì, ci sono molte persone senza scrupoli là fuori, e molte che mentono, tradiscono e provano a ingannare, ma non significa che questo sia lo scopo di tutti. L'analisi delle persone può essere usata anche per ragioni positive. Forse hai un amico che sta nascondendo un problema, non ne parla con nessuno, e perciò sta cercando di affrontarlo da solo. Nessuno dovrebbe essere costretto a farlo, e ascoltando il tuo intuito e usando le informazioni per analizzarlo, puoi identificare il problema e chiedere se vuole parlarne. Potrebbe essere sufficiente per togliergli un peso dalle spalle, e potresti aiutarlo col suo problema, qualunque esso sia.

Certo, sapere analizzare le persone può anche salvarti da inganni e manipolazioni, ma è importante sapere quando usare le tue capacità e quando lasciare perdere. L'analisi non è necessaria in ogni situazione, a volte devi solo lasciare stare e vedere dove ti porta la vita. Tuttavia, farai affidamento sull'abilità di usare l'analisi in momenti specifici più volte nel corso della vita.

Succede nel corso di una notte? No. Avrai sempre ragione? Sicuramente no. Ma puoi stare certo che usando le tue abilità diventerai più sicuro di te, imparerai a fidarti del tuo intuito invece di dubitarne, e noterai un miglioramento nella tua precisione e sarai più sicuro di ciò che fai. Imparare ad analizzare le persone è un'abilità come le altre: devi fare pratica e capire che c'è solo bisogno di tempo.

Chiunque può impararlo, non devi avere delle capacità o conoscenze pregresse specifiche, basta solo tenere la mente aperta, sapere cogliere i segnali e fidarti di essi. Forse la parte più difficile è fidarti delle tue idee. La maggior parte di noi non ha fiducia nelle altre persone o in se stessa, ed è per questo che in molti non sanno come usare il proprio intuito naturale.

Ci sono tre sezioni principali nell'imparare ad analizzare gli altri e, all'interno di quelle sezioni, ci sono delle sottocategorie.

- Capire il linguaggio del corpo
- Capire il linguaggio verbale
- Fidarsi del proprio intuito

All'interno della categoria del linguaggio del corpo, devi sapere quali segnali sono di solito collegati a quali emozioni o situazioni, e interpretarlo insieme ai segnali verbali. In quest'ultima sezione, ci sono le parole usate, la velocità di eloquio e altri aspetti comportamentali. Infine, c'è l'intuito, che può essere un punto di partenza per la tua analisi o il suo punto di arrivo, dipende tutto dalla situazione.

Per esempio, potresti notare un linguaggio del corpo negativo e poi iniziare a cogliere dei segnali verbali. Da lì, potresti cominciare a mettere insieme i pezzi, ma hai un presentimento, il tuo intuito ti dice di andare in una direzione specifica. Potrebbe funzionare anche al contrario: forse hai avuto un presentimento dall'inizio che ti ha portato a iniziare ad analizzare il linguaggio del corpo e il discorso. Il tuo intuito è molto flessibile, ma è un'abilità e una risorsa che la maggior parte delle persone ignora o blocca.

Potresti avere letto il libro e avere dubbi sulle tue capacità di analisi ma, ripetiamo, si tratta sempre di essere sicuri di sé. Fidati di te e permettiti di seguire tutti i tuoi presentimenti. Di sicuro non devi analizzare tutte le situazioni e i problemi in cui ti imbatti, ma dovresti farlo quando te lo dice il tuo intuito. Se sospetti che qualcuno stia avendo dei problemi ma non ne stia parlando, segui quell'intuizione, e fai lo stesso se sospetti che qualcuno stia mentendo davvero. Ciò che non dovresti fare è andare in giro ad accusare tutti di mentire! Alcune persone possono nascondere i propri veri sentimenti e problemi, e mascherarli in modi diversi. Per esempio, chi è timido potrebbe facilmente apparire come distaccato o potrebbe sembrare che si stia comportando in modo sospetto – non significa che sia vero!

In poche parole, ti metterai nei guai se accuserai gli altri senza avere delle prove, ma analizzando il loro comportamento potrai capire a sufficienza da esserne sicuro. Nella maggior parte dei casi, non serve altro; non devi per forza smascherare tutti.

Punti Chiave di Questo Libro

Non possiamo evidenziare ciascuno dei punti importanti di questo libro, ma possiamo riunire alcuni degli elementi principali di modo che tu li ricordi e li possa rileggere. Ricorda, se dovessi mai dubitare di te stesso o avere problemi nel capire cosa fare, puoi sempre consultare questo libro per aiutarti a recuperare la tua sicurezza.

I punti principali da ricordare di questo libro sono:

- La capacità di analizzare le altre persone non è un dono, ma qualcosa che può essere imparato e fatto da chiunque
- Ci sono molte situazioni in cui saper analizzare gli altri può esserti utile, per esempio quando vuoi aiutare qualcuno che ha problemi ad aprirsi, o cogliere in fallo chi ti sta mentendo.
- È importante fare analisi accurate e non accusare la gente di cose di cui non sei sicuro
- Ci sono tre aspetti principali da considerare nell'analisi di una persona: il linguaggio del corpo, i segnali verbali e l'uso dell'intuito
- Spesso la polizia interpreta il linguaggio del corpo per decidere se una persona sta mentendo o nascondendo qualcosa, ma hanno sempre il

sostegno delle prove fisiche. Il linguaggio del corpo può indicarti la direzione giusta, ma non è una motivazione valida per un arresto!

- Il linguaggio del corpo può essere positivo o negativo, ed è raro che menta
- Una persona può mascherare il proprio linguaggio del corpo fino a un certo punto, ma solo in una situazione che sa sta per verificarsi, ad esempio se vuole sembrare meno nervosa durante un colloquio di lavoro. Può farlo grazie alla consapevolezza dei segnali positivi e negativi del linguaggio del corpo, cercando consapevolmente di ridurre i secondi e di enfatizzare i primi
- I segnali verbali possono essere occultati, ad esempio con le bugie, ma quando li interpreti assieme al linguaggio del corpo è possibile capire la verità della situazione

- Il linguaggio verbale include la scelta delle parole, la velocità di eloquio e il tono di voce. Puoi analizzare accuratamente il lato verbale solo quando combini tutti questi elementi
- Anche le tattiche comportamentali possono aiutarti a capire cosa stia succedendo, ma devi saperle capire, dato che spesso passano inosservate. Le più comuni sono: ribaltare su di te una situazione, trasformare tutto in domande, accusarti di fare ciò che stai insinuando abbia fatto l'altro, gaslighting e tecniche di distrazione
- La velocità a cui una persona parla è spesso più rivelatrice delle parole usate. Chi mente, nasconde qualcosa o è nervoso parla velocemente
- La percezione personale e l'intuito sono collegati. L'intuito è un presentimento, mentre la percezione è come interpreti e che significato dai a quel

presentimento, letto assieme al linguaggio del corpo e ai segnali verbali

- È importante tenere la mente aperta, nonostante ciò che potresti stare pensando – non avrai sempre ragione
- Imparare a fidarti del tuo intuito per permettergli di guidarti è un processo che richiede molta pratica, e la maggior parte delle volte bisogna seguirlo ciecamente e vedere dove ti porta
- La paranoia e l'intuito sono sensazioni molto diverse, ma conoscere la differenza richiede pratica
- La paranoia è spesso tetra e negativa, mentre l'intuito di solito non può essere descritto con parole fisiche, è un presentimento o semplicemente una spinta in una direzione specifica.

Questo è un breve riepilogo dei punti da ricordare, ma è solo una parte della storia! Ricorda di leggere di nuovo il libro quando hai bisogno di una guida, o quando il tuo intuito o la tua percezione tentennano.

Un'Ultima Parola sull'Intuito

Prima di salutarci e lasciarti correre ad allenare le tue nuove capacità di analisi, vogliamo dire un'ultima parola sull'intuito.

Imparare a fidarti dell'intuito ti aiuterà in molte situazioni diverse nel corso della vita, non solo per analizzare le altre persone. È importante lasciarti il tempo e lo spazio per sviluppare queste abilità se vuoi davvero assicurarti di essere preciso.

A parte ciò, l'intuito esiste per tenerti al sicuro in tutto le situazioni, e anche per spingerti ad aiutare gli altri. Senza dubbio hai avuto un presentimento in passato, ma forse non l'hai mai seguito. Se invece l'hai seguito, potresti aver scoperto qualcosa di nuovo, interessante, o forse anche una cosa che avresti voluto esplorare di più.

L'intuito non può essere spiegato ed è per questo che provoca molta confusione. Il fatto che non possiamo spiegare una cosa logicamente di solito significa che non ci crediamo, ma è un errore. Non puoi vedere l'ossigeno, ma sai che c'è! È vero, l'ossigeno si può misurare, e forse è questo il motivo per cui crediamo a qualcosa che è invisibile ma non all'intuito.

Non potrai mai provare scientificamente il tuo intuito, ma dovresti comunque fidarti di esso.

Non rimane altro da fare che salutarci. Fidati di te stesso, migliora la tua autostima e permetti alle tue abilità di crescere. Non solo eviterai delle situazioni difficili, ma potresti anche riuscire ad aiutare gli altri, chi trova difficile confidarsi e chiedere apertamente aiuto.

Rileggi qualsiasi cosa tu non abbia capito e, soprattutto, ascolta e fidati sempre del tuo intuito.

Printed by Amazon Italia Logistica S.r.l.
Torrazza Piemonte (TO), Italy

14425019R00073